Unia Genosis

ROSEN-KRIEG - Fünfter Band

Unia Genosis

ROSEN-KRIEG - Fünfter Band

"war of the roses" / "guerre des roses"

Goldene Rakete Verlag für Belletristik

Imprint

Cover image: www.ingimage.com

Publisher:
Goldene Rakete Verlag für Belletristik
is a trademark of
International Book Market Service Ltd., member of OmniScriptum Publishing Group
17 Meldrum Street, Beau Bassin 71504, Mauritius

Printed at: see last page
ISBN: 978-620-2-44416-3

Inhaltsverzeichnis:

I. Umgangsregelung (2015/2016):

1. Schreiben Kanzlei „ehr&wehr" an das Amtsgericht:[1]

Antrag auf Regelung des Umgangs

des Herrn A.,

Antragstellers,

g e g e n

Frau G.,

Antragsgegnerin.

Namens und im Auftrage des Antragstellers, ordnungsgemäße Bevollmächtigung versichernd, beantragen wir,

den Umgang des Antragstellers mit den gemeinsamen Kindern der Verfahrensbeteiligten, beide mit Aufenthalt bei der Antragsgegnerin,

wie folgt zu regeln:

[1] 24.04.2015

1. Der Antragsteller ist berechtigt und verpflichtet, die beiden Kinder in 14tägigem Rhythmus, beginnend mit dem 29.05.2015 von Freitags, 15.00 Uhr, bis Sonntags, 17.00 Uhr, zu sich zu nehmen und Umgang mit ihnen zu pflegen.

2. Der Antragsteller ist berechtigt und verpflichtet, die Kinder die Hälfte der Schulferien und jeweils den 2. Weihnachts- und Osterfeiertag zu sich nehmen und Umgang mit den Kindern der Verfahrensbeteiligten zu pflegen.

Gründe:

Die Verfahrensbeteiligten sind geschiedene Eheleute. Die beiden Kinder der Verfahrensbeteiligten leben im Haushalt der Antragsgegnerin. Die Beteiligten haben das gemeinsame Sorgerecht für die Kinder. Aufgrund seinerzeitiger eingeschränkter Gesundheit des Antragstellers, der inzwischen vollständig von den Folgen des Schlaganfalles genesen ist, und mit Rücksicht auf die beiden Kinder, die seinerzeit noch mit der Trennung der Eltern Probleme hatten, kam es zu einer Einigung über einen Umgang Samstags in 14tägigem Rhythmus von 10.00 bis 18.00 Uhr. Wir überreichen als **Anlage** den Vermerk aus der nichtöffentlichen Sitzung des angerufenen Gerichts vom 02.01.2012 in Kopie.

Im Sommer 2013, nach 1 ½ Jahren des nur eingeschränkten Umgangs wie vorstehend vorgetragen, kam es zu einem Gespräch zwischen den Verfahrensbeteiligten, das dazu führte, dass die Antragsgegnerin unter dem Eindruck des vor dem erkennenden Gerichts anhängigen Verfahrens nunmehr damit einverstanden war, dass die beiden Kinder von Samstags, 10.00 Uhr, bis Sonntags,

16.00 Uhr, beim Antragssteller waren und dieser Umgang mit den Kindern pflegte. So wurde dies dann auch in der Folgezeit gehandhabt, bis die Antragsgegnerin plötzlich Ende März 2015 – und dies bis zum heutigen Tage – den seither problemlos gelaufenen Umgang des Antragstellers mit seinen Kindern untersagte und abrupt erklärte, ab sofort könne nur noch der Umgang wie seinerzeit im Verfahren 2011 vereinbart stattfinden. Versuche des Antragstellers, mit der Antragsgegnerin wegen eines vernünftigen Gesprächs über die Regelung des Umgangs zu kommen, wurden von dieser abgeblockt. Der Antragsteller hat aufgrund dessen das zuständige Jugendamt bereits eingeschaltet. Wie er erfahren musste, hat der Kontakt des Jugendamtes zur Antragsgegnerin an der Haltung der Antragsgegnerin nichts geändert.

Beide Kinder wünschen sich sehr, zeitlich intensiven Kontakt mit dem Antragsteller zu haben. Die Antragsgegnerin blockt jeden Kontakt des Antragstellers zu den Kindern, sei es persönlich, sei es über Handy, vollständig ab. Wir überreichen als **Anlage** den „Bericht 2“, den der Antragsteller dem zuständigen Jugendamt gegeben hat und verweisen vollumfänglich hierauf. Das Verhalten der Antragsgegnerin ist dem Kindeswohl diametral entgegengesetzt. Die Kinder möchten auch gerne intensiv bei ihrem Vater ihre Zeit verbringen. Die Kinder haben auch eine enge Bindung zum Antragsteller. Der Antragsteller hat inzwischen ein eigenes Haus mit großem Grundstück, im Haus für jedes Kind ein eigenes Zimmer.

Für die restriktive Haltung der Antragsgegnerin gibt es keinen Grund.

Rechtsanwalt

2. Schreiben des Amtsgerichts: [2]

In Sachen

A. ./. G.

wg. Umgangsregelung

Sehr geehrte Frau G.,

als Anlage wird Ihnen die bei Gericht eingegangene Antragsschrift übermittelt.

Für Familiensachen und für Scheidungsfolgesachen, zum Beispiel Regelung der elterlichen Sorge, des Umgangsrechts, des Unterhalts, der Ehewohnung, des Haushalts, des Versorgungsausgleichs und der Güterrechtsangelegenheiten ist ausschließlich da Familiengericht zuständig. Ist bereits ein solches Verfahren anhängig, wird um Angabe der Geschäftsnummer gebeten.

Wenn Sie dem Antrag entgegentreten bzw. zustimmen wollen, werden Sie aufgefordert, unverzüglich innerhalb von

2 Wochen

ab Bekanntgabe zur Antragsschrift schriftlich Stellung zu nehmen. Ihre Stellungnahme können Sie auch zur Niederschrift der Geschäftsstelle des Amtsgerichts oder durch einen von Ihnen auszuwählenden

[2] 28.04.2015

Rechtsanwalt abgeben. **Die Vertretung durch einen Rechtsanwalt ist nicht vorgeschrieben.**

Der Sachvortrag soll jeweils vierfach eingereicht werden.

Mit freundlichen Grüßen
Auf Anordnung

Justizbeschäftigte
Dieses Schreiben wurde elektronisch erstellt und ist ohne Unterschrift gültig.

3. Schreiben des Amtsgerichts:[3]

In Sachen

A. ./. G.

wg. Umgangsregelung

Sehr geehrte Frau G.,

im oben bezeichneten Verfahren wurde Haupttermin bestimmt auf:

Mittwoch, den 27.05.2015, um 13:15 Uhr
im Justizgebäude.

Zu diesem Termin werden Sie hiermit geladen.

Ihr persönliches Erscheinen zum Termin ist angeordnet.

Mit freundlichen Grüßen
Die Geschäftsstelle des Amtsgerichts

Justizbeschäftigte
Dieses Schreiben wurde elektronisch erstellt und ist ohne Unterschrift gültig.

[3] 28.04.2015

4. <u>Schreiben Kanzlei „Schleiereule“ an das Amtsgericht:</u>[4]

In Sachen

A. ./. G.

wg. Umgangsregelung

zeigen wir an, dass wir die Antragsgegnerin in diesem Verfahren vertreten.

Wir überreichen anbei die Kopie des Attests des Dr. med. vom 06.05.2015, aus dem sich ergibt, dass die Antragsgegnerin vor ihrer Niederkunft, mit der ab Mitte Mai 2015 jederzeit zu rechnen ist, gesundheitlich nicht in der Lage ist, einen für sie psychisch und körperlich belastenden Gerichtstermin wahrzunehmen.

Wir bitten daher zunächst um **Aufhebung des anberaumten Termins am 27.05.2015.**

Wir werden dem Gericht unverzüglich anzeigen, wenn die Antragsgegnerin entbunden hat und absehbar ist, wann sie einen neuen Gerichtstermin wahrnehmen kann.

Die Antragsgegnerin tritt einer Regelung, wie sie im Antrag zu 1. Gefordert, <u>derzeit nicht</u> entgegen, sodass der nächste Umgangskontakt

[4] 07.05.2015

von Freitag, den 29.05. ab 15.00 Uhr bis Sonntag, den 31.05.2015, 17.00 Uhr stattfinden kann.

Was den Antrag zu 2. – Ferienregelung – betrifft, so hat die Antragsgegnerin aufgrund der bisher gemachten Erfahrungen mit dem Antragsteller erhebliche Bedenken, dass er in der Lage ist, einen strukturierten Alltag mit den Kindern zu gestalten und dafür Sorge zu tragen, dass sie gesundheitlich und hygienisch ausreichend betreut werden. Dies betrifft insbesondere die regelmäßige Tabletteneinnahme bei der jüngeren Tochter, die kindgerechte Ernährung und nicht ausschließlich Fast Food, die Kontrolle, dass beide Töchter neue Brillen tragen sowie Waschen und Zähneputzen.

So hatten die Kinder nach ihrem letzten längeren Aufenthalt beim Antragsteller unter anderem Läuse.

Die Antragsgegnerin befürchtet ferner, dass es nicht dem Wohl der Kinder entspricht, wenn diese über einen längeren Zeitraum beim Antragsteller bleiben, weil dann die bereits jetzt schon deutlich sichtbare Instrumentalisierung der Kinder („Stimmungsmache gegen die Mutter“) seitens des Antragstellers zunehmen wird.

Insbesondere die jüngere Tochter wird immer auffälliger, sodass der sie seit langem behandelnde Kinderpsychologe dafür plädiert, ein gemeinsames Gespräch mit beiden Eltern und den Lehrern zu führen, um hier eine einheitliche Vorgehensweise zu vereinbaren.

Aufgrund dieser sehr komplexen Sachlage regen wir an, dass gemäß § 158 FamFG

ein Verfahrensbeistand für die Kinder bestellt wird,

der die Kindesinteressen mit dem erforderlichen Abstand und mit der gebotenen Sorgfalt wahrnehmen kann.

Rechtsanwältin

5. <u>Schreiben Kanzlei „ehr&wehr" an das Amtsgericht:</u>[5]

In der Familiensache

A. ./. G.

wegen Umgangsregelung

sind die Ausführungen in der Antragsschrift vom 24.04.2015 noch wie folgt zu ergänzen bzw. zu berichtigen:

Die von der Antragsgegnerin einseitig bestimmte Umgangsregelung in Abweichung von der ursprünglichen gerichtlichen Vereinbarung, nämlich, dass die Kinder von Samstag auf Sonntag beim Antragsteller bleiben konnten, galt nur für den Herbst 2013. Danach bis zur einseitigen „Blockade" der Antragsgegnerin vor wenigen Wochen fand der Umgang des Antragstellers mit den beiden Kindern von Freitags bis Sonntags einschließlich im 14tägigen Rhythmus statt.

Rechtsanwalt

[5] 06.05.2015

6. Schreiben des Amtsgerichts:[6]

In Sachen

A. ./. G.

wg. Umgangsregelung

Sehr geehrte Frau G.,

der Termin vom 27.05.2015, 13.15 Uhr, wurde aufgehoben.

Grund:

Verhinderung des Antr.Gegner/Beklagten

Sie brauchen daher zu diesem Termin n i c h t zu erscheinen.

Die Anberaumung eines neuen Termins bleibt vorbehalten.

Mit freundlichen Grüßen

Die Geschäftsstelle des Amtsgerichts

Justizbeschäftigte

Dieses Schreiben wurde elektronisch erstellt und ist ohne Unterschrift gültig.

[6] 12.05.2015

7. Schreiben des Jugendamtes an das Amtsgericht: [7]

In Sachen

A. ./. G.

wg. Umgangsregelung

Sehr geehrte Damen,

sehr geehrte Herren,

mit Bezug auf Ihr Schreiben vom 12.05.2015, geben wir zur oben genannten Familiensache folgende Stellungnahme ab.

Im Rahmen der allgemeinen Trennungs- und Scheidungsberatung gem. § 17 und 18 SGB VIII nahm der Kindesvater in den Osterferien diesen Jahres Kontakt mit uns auf und bat das Jugendamt um eine Umgangsvermittlung.

Von Seiten des Jugendamtes fanden mit beiden Elternteilen Telefonate statt.

In dem Telefonat mit der Kindesmutter, äußerte diese erneut den Verdacht des Missbrauchs an Sara durch den Vater.

Zuvor hatte Frau G. diesen Verdacht im Rahmen des letzten Verfahrens 2013 bereits schon einmal geäußert. Seinerzeit wurde die Kindesmutter von uns an den Kinderschutzdienst verwiesen. Unseren Informationen nach, nahm sie dorthin auch Kontakt auf.

[7] 27.05.2015

Im damaligen anberaumten Anhörungstermin sollte der o. g. Sachverhalt bereits thematisiert werden, doch dann wurde im Einvernehmen der Eltern das Verfahren für erledigt erklärt.

Nach Angaben des Kindesvaters, fanden bis zum Frühjahr dieses Jahres 14-tägige Umgangskontakte mit Übernachtungen in seinem Haushalt statt und in den Sommerferien gab es eine gemeinsame Ferienzeit. Dies Absprachen seien im Einvernehmen mit der Kindesmutter erfolgt.

Frau G. ließ über ihre Rechtsanwältin mitteilen, dass sie sich derzeit nicht in der gesundheitlichen Verfassung sehe ein persönliches Gespräch bei der Unterzeichnerin wahrzunehmen.

Unseres Erachtens widerspricht die praktizierte und von der Mutter weiterhin angebotene Umgangsregelung, die Wochenendaufenthalte mit Übernachtungen vorsieht, dem Missbrauchsverdacht. Vor diesem Hintergrund sollte die Kindesmutter sich u. E. zu diesem Widerspruch äußern.

Wir halten die Bestellung eines Verfahrensbeistandes für sinnvoll.

Freundliche Grüße
Im Auftrag

(Sachbearbeiterin)

8. Schreiben des Amtsgerichts:[8]

Beschluss

In der Familiensache

A.

- Antragsteller –

gegen

G.

- Antragsgegnerin –

Weitere Beteiligte:

die Kinder

Jugendamt der Kreisverwaltung

wegen Regelung des Umgangs

hat das Amtsgericht – Familiengericht – durch die Richterin am Amtsgericht am 01.06.2015 beschlossen:

[8] 01.06.2015

Für die Kinder wird Frau Rechtsanwältin zum Verfahrensbeistand bestellt.

Der Verfahrensbeistand übt die Verfahrensbeistandschaft berufsmäßig aus.

Der Wirkungskreis umfasst die Wahrnehmung der Kindesinteressen im Verfahren, §§ 167 Abs. 1 S. 2, 158 Abs. 4 FamFG.

Dem Verfahrensbeistand wird die weitere Aufgabe übertragen, Gespräche mit den Eltern und weiteren Bezugspersonen des Kindes zu führen sowie an einer einvernehmlichen Regelung über den Verfahrensgegenstand mitzuwirken (§ 158 Abs. 4 S. 3 FamFG).

Gründe:

Die Verfahrensbeistandschaft beruht auf §§ 167 Abs. 1 S. 2, 158 Abs. 1 FamFG.

Die Übertragung der weiteren Aufgabe beruht auf § 158 Abs. 4 S. 3 FamFG.

Rechtsbehelfsbelehrung:

Der Beschluss ist mit Rechtsmitteln nicht anfechtbar.

Richterin am Amtsgericht

Beglaubtigt:

Justizbeschäftigte
als Urkundsbeamtin der Geschäftsstelle

9. Schreiben des Verfahrensbeistand: [9]

Sehr geehrte Frau G.,

das Familiengericht hat mich in dem Verfahren, in dem es um das Umgangsrecht geht, zum Verfahrensbeistand für beide Kinder bestellt.

Meine Aufgabe ist es, die Interessen der Kinder vor Gericht zu vertreten. Um umfassend informiert zu sein, möchte ich mich gerne mit Ihnen und den Kindern unterhalten. Bitte rufen Sie mich möglichst noch vor dem 13.06. an, damit wir einen Termin vereinbaren können, an dem ich Sie besuche.
Da ich in der Zeit vom 13.06. bis zum 28.06. in Urlaub bin, möchte ich gerne bevor ich in Urlaub fahre, mit Ihnen einen Termin nach dem 28.06.2015 vereinbaren, um dann möglichst umgehend tätig werden zu können. Bitte rufen Sie mich an.

Mit freundlichen Grüßen

Rechtsanwältin als Verfahrensbeistand

[9] 10.06.2015

10. Schreiben Kanzlei „ehr&wehr“:[10]

Umgangsregelung A/G

Sehr geehrte Frau Kollegin,

mit Rücksichtnahme auf Ihre Mandantin hat das Familiengericht die Verhandlung und Entscheidung über den hiesigen Antrag auf Umgangsregelung aufgehoben. Damit kann jedoch nicht verbunden sein, dass für die bevorstehenden Schulferien keine Regelung des Umgangs stattfindet.

Wir schlagen namens unseres Mandanten vor, das die beiden Kinder die ersten drei Wochen der Schulferien bei unserem Mandanten verbringen und bitten um kurzfristige Stellungnahme hierzu, die wir bis zum 22.06.2015 erwarten.

Unser Mandant ist selbstverständlich auch bereit, die Kinder z.B. in den letzten drei Wochen der Schulferien zu sich zu nehmen und mit diesen die Ferien zu verbringen. Ihre Mandantin mag, wenn ihr die ersten drei Wochen nicht gelegen sind, dieser letztgenannten Regelung zustimmen oder einen anderen für unseren Mandanten akzeptablen Vorschlag machen.

Mit kollegialen Grüßen

Rechtsanwalt

---

[10] 11.06.2015

11. Schreiben Kanzlei „Schleiereule“:[11]

G. ./. A.
Wg. Umgangsregelung

Sehr geehrter Herr Kollege,

in obiger Angelegenheit nehmen wir Bezug auf Ihr Telefax vom 11.06.2015 und teilen nach Rücksprache mit unserer Mandantin mit, dass eine Einigung über den Umgang in den Ferien erst nach ihrer Niederkunft, die jederzeit zu erwarten ist, Sinn macht.

Da Ihr Mandant die beiden Kinder ab Geburt bis zur Rückkehr unserer Mandantin aus der Klinik vereinbarungsgemäß bei sich betreut und versorgt, können alle Beteiligten nach deren Aufenthalt bei ihrem Vater wesentlich besser einschätzen, ob und welche Art des Umgangs in den Ferien dem Wohl der Kinder dient.

Mit freundlichem Gruß

Rechtsanwältin

[11] 22.06.2015

12. Bericht des Verfahrensbeistandes an das Amtsgericht:[12]

In dem Verfahren betreffend
den Umgang
mit den Kindern

berichte ich auf der Grundlage meiner Gespräche mit:

- Den Kindern
- Der Mutter
- Dem Vater
- Dem Psychotherapeuten
- Dem Sprachtherapeuten
- Die Therapeutin
- Dem Klassenlehrer

Aktuelle Situation:

Die Kinder haben regelmäßig Umgang mit dem Vater.
Er holt die Kinder üblicherweise alle 14 Tage freitags um 15 Uhr bei der Kindesmutter ab und bringt sie sonntags gegen 17 Uhr zurück.
Die beiden Mädchen hielten sich in der Zeit vom 26.06. bis zum 26.07.2015 sowie während der Sommerferien vom 01.08. bis zum 23.08.2015 beim Vater auf.
Vom 11.09. bis zum 13.09.2015 hielt sich die jüngere Tochter alleine beim Kindesvater auf.

[12] 13.10.2015

Die Kindesmutter erklärte, dass sie damit einverstanden sei, dass die Kinder in den Herbstferien vom 16.10. bis zum 24.10.2015 beim Vater sein werden und in den Weihnachtsferien vom 26.12.2015 bis zum 03.01.2016.

Das jüngere Kind:

Sie hat jetzt ein Schuljahr übersprungen und besucht seit Beginn des neuen Schuljahres die Grundschulklasse.
Sie sprach nur sehr wenig mit mir, sie beantwortete jedoch die von mir gestellten Fragen, wollte aber gemeinsam mit der größeren Schwestern mit mir sprechen und ließ diese häufig für sich sprechen.

Bei unserem ersten Treffen – im Haushalt des Vaters – erklärte sie, sie wolle nicht nur alle 14 Tage zum Vater, sondern jedes Wochenende. Sie konnte sich auch vorstellen, mal alleine beim Vater zu sein.

Im Haushalt der Kindesmutter erklärte sie, es sei für sie in Ordnung, wenn sie alle zwei Wochen zum Vater gehe, sie wolle nicht mehr unbedingt jedes Wochenende zum Vater.

Das ältere Kind:

Sie besucht die Gesamtschule. Sie äußerte sich in beiden Gesprächen sehr frei und lebendig. Sie erklärte, dass sie sich nicht vorstellen könne, dass ihre Eltern sich einigen könnten und lachte dabei.

Seit Ostern sei das Verhältnis zwischen den Eltern wieder angespannt, damals habe sie alleine mit der Bahn zu Verwandten des Vaters reisen wollen. Damit sei die Mutter nach langem Hin und Her letztendlich nicht einverstanden gewesen. Das habe sie geärgert.

Es gebe immer wieder Streit zwischen den Eltern. Vor seinem Schlaganfall sei der Vater ein ziemliches „Arschloch“ gewesen, er sei ohne Grund wütend geworden. Jetzt sei er wesentlich ruhiger und sie komme gut mit ihm klar.

Sie habe die Vorstellung, dass sie in den Sommerferien 3 Wochen alleine bei Papa sein könnte und dann die jüngere Schwester 3 Wochen alleine bei ihm sei. Diese sei sehr anstrengend, sie wolle auch mal alleine beim Vater sein.

Sie wolle auch gerne mal ausprobieren, wie es beim Vater sei, wenn sie dort leben würde. Sie habe sich vorgestellt, dass sie während ihres Schulpraktikums beim Vater leben könnte und sei auch der Auffassung gewesen, dass das zwischen den Eltern vereinbart gewesen sei. Ihre Mutter habe das aber nicht gewollt, so sei es nicht zu einem solchen Ausprobieren gekommen.

<u>Die Mutter:</u>

Die Kindesmutter traf ich am 30.07.2015 in ihrem Haushalt an. In diesem Haushalt lebt auch der Lebenspartner der Mutter, der Vater der geborenen Zwillinge.

Des weiteren kommunizierte ich mehrfach per Mail mit der Kindesmutter.

Die Kindesmutter schilderte, dass es während der Ehezeit zu häufigen Auseinandersetzungen zwischen den Kindeseltern gekommen sei. Am 23.01.2010 sei eine Auseinandersetzung eskaliert. Der Kindesvater habe sie geschlagen. Die Kinder seien im gleichen Raum gewesen.

Sie habe den Verdacht, dass der Kindesvater die jüngere Tochter möglicherweise missbraucht habe. Aus diesem Grund habe sie im Januar 2013 Zeichnungen der beiden Töchter an eine Fachpsychologin gesandt, damit diese eine Interpretation der Zeichnungen vornähme.

Diese habe in den Zeichnungen zwar Auffälligkeiten gesehen, jedoch keine eindeutigen Hinweise darauf, dass sie vom Vater missbraucht worden sei.

Sie habe eine Ausdehnung der Umgangskontakte, über den Beschluss vom 03.01.2012 (samstags von 10 – 18 Uhr) hinaus ab Juli 2013 zugelassen. Ab dieser Zeit hätten die Kinder den Vater alle 14 Tage von samstags 10 Uhr bis sonntags 16 Uhr besucht. Eine weitere Ausdehnung der Umgangskontakte sei dann ab 2014 erfolgt, der Vater habe die Kinder dann freitags um 16 Uhr geholt und sonntags um 16 Uhr zurück gebracht, ab März 2014 habe er die Kinder um 15 Uhr freitags geholt und um 17 Uhr zurückgebracht.

Im März 2013 sei es zu einer Auseinandersetzung mit dem Kindesvater gekommen, wegen der Reise, die die ältere Tochter nach Süddeutschland habe vornehmen wollen. Der Vater habe geplant, dass sie alleine mit dem Zug zu Verwandten des Vaters reisen sollte. Es sei keine Einigung erzielt worden und sie habe in Folge dieser

Auseinandersetzung die Umgangskontakte wieder auf die im Beschluss von 2012 festgelegten Zeiten zurückgeführt.

Sie sei grundsätzlich mit einer Umgangsregelung einverstanden, bei der die Kinder den Vater im vierzehntägigen Wechsel an den Wochenenden besuchten. Sie wollten jedoch ungern den Beschluss abändern, da sie jetzt noch die Möglichkeit habe, die Umgänge auch kurzfristig wieder zu verkürzen, wenn sie feststellen müsste, dass sie nicht dem Kindeswohl entsprächen – es beispielsweise zu auffälligem Verhalten der jüngeren Tochter nach den Umgängen käme.

Sie mache jetzt die Beobachtung, dass die Kinder nach den Umgangskontakten vom Vater aufgebracht zurückkehrten, sich mehr stritten und mehr rivalisierten.

Als die jüngere Tochter das Wochenende alleine beim Vater verbracht habe (11.09. bis 13.09.2015) sei sie regelrecht verstört zurückgekommen. Sie habe die Türen geknallt, sei nicht ansprechbar gewesen, „frech wie Dreck" und sei in ihr Zimmer verschwunden.
Später sei sie gekommen, habe sich an die Mutter gekuschelt und erklärt, einen ganzen Zitronenkuchen alleine „aufgefuttert" zu haben. Sie habe sich dann übergeben müssen, nachdem sie „den Finger in den Hals gesteckt" habe. Sie habe dann unter migräneartigen Kopf- und Augenschmerzen gelitten, den Kopf auf ihren Schoss gelegt und sich die Hände auflegen lassen.
Nach einem tiefen Nachtschlaf , habe sie wieder fröhlich und ausgelassen gewirkt.

Der Vater:

Der Kindesvater erklärte, ihm sei nicht nachvollziehbar, warum die Kindesmutter im März 2015 die Umgangskontakte eingeschränkt habe. Ihm sei sehr daran gelegen, eine verbindliche Regelung – gerichtlich festgelegt – zu erhalten, damit verlässliche Umgangskontakte stattfinden könnten und er nicht damit rechnen müsse, dass die Kindesmutter nach Gutdünken die Umgangskontakte einschränken könnte.

Er erklärte, die Umgänge fänden nun regelmäßig statt und es gebe keine Auffälligkeiten.
An einem Wochenende sei die jüngere Tochter alleine bei ihm gewesen. Aus seiner Sicht sei das unproblematisch verlaufen.
Als ich den Kindesvater wegen der Auffälligkeiten befragte, die die Kindesmutter feststellte, als die jüngere Tochter alleine bei ihm war, erklärte er, dass er während der Zeit des Aufenthaltes keine Veränderungen an ihr bemerkt habe. Zu diesem Aufenthalt sei es gekommen, weil die jüngere Tochter selbst gefragt habe, ob sie zu ihm kommen könne.
Sie habe erklärt, die Mama habe sie gefragt, ob sie zum Papa wolle.
Er habe das Wochenende als angenehm empfunden, er habe sich der jüngeren Tochter ganz widmen können und in aller Ruhe mit ihr spielen können.
Auf die Frage, ob sie einen ganzen Zitronenkuchen alleine gegessen habe, erklärte er, er könne sich spontan daran nicht erinnern. Es könne sei, dass es einen Bahlsen-Fertigkuchen gegeben habe und sie diesen zu großen Teilen gegessen habe, er könne sich aber nicht mehr genau erinnern. Bei ihm sei es ihr noch nicht schlecht gegangen.

Die Kommunikation mit der Kindesmutter erfolge nur über E-Mail, Die Mutter teile ihm Termine mit, die in seine Umgangszeiten fielen, diese Termine nehme er dann wahr, so z.B. einen Termin mit der jüngeren Tochter beim Kieferorthopäden während der Herbstferien.
In der Schule erkundige er sich persönlich über die Kinder.

Der Psychotherapeut:

Mit ihm telefonierte ich am 03.09.2015. Er berichtete, er habe schon in der Vergangenheit, nach der Trennung der Eltern, mit beiden Kindern gearbeitet. Die jüngere Tochter habe zeitweise nicht gesprochen.

Es habe dann eine Pause in der Therapie gegeben. Als die jüngere Tochter dann wieder zu ihm gekommen sei, habe sie gesprochen.

Die ältere Tochter suche ihren eigenen Platz, sie schwimme sich von den Eltern frei und habe so einen Weg gefunden, mit den Konflikten der Eltern umzugehen.

Bei der jüngeren Tochter sei es komplizierter. Sie habe nicht gesprochen und damit zeigen wollen, wie sie sich autonom macht. Sie übe mit diesem Schweigen eine immense Macht aus. Sie bringe „die Puppen zum Tanzen“. Da sich die Eltern überhaupt nicht einigen könnten, sei es sehr schwierig, mit ihr umzugehen.

Für beide Kinder sei es wichtig, dass sich die Eltern auf feste Regeln einigten und an einem Status Quo festhielten. Es sollte eine gemeinsame Erziehungslinie der Eltern geben.

Die jüngere Tochter brauche einen festen Halt, an einer getroffenen Vereinbarung sollten die Eltern festhalten und den Kindern verlässlich gegenübertreten.

<u>Der Sprachtherapeut:</u>

Mit ihm konnte ich am 31.08.2015 telefonieren.
Die jüngere Tochter sei in der Zeit vom 07.01.2014 bis zum 07.01.2015 in seiner Praxis betreut worden. Ab Juni 2014 habe er sie persönlich betreut.

Es habe einer medikamentösen Flankierung bedurft. Im weiteren Verlauf der Therapie habe sie tolle Fortschritte gemacht. Sie habe dann mit allen gesprochen. Sie habe sich anhänglich gezeigt.

In der Schule habe es Probleme gegeben, weil sie nicht mitarbeiten wollte und die Zusammenarbeit verweigert habe.

Für die jüngere Tochter sei es wichtig, dass sie aus dem Streit der Eltern herausgehalten werde und in „Ruhe“ gelassen werde.

Den Umgang der jüngeren Tochter mit dem Vater halte er für wichtig. Er könne sich auch vorstellen, dass beide Kinder davon profitieren würden, wenn sie alleine Umgangszeiten mit dem Vater hätten.

<u>Die Therapeutin:</u>

Mit ihr führte ich am 24.09.2015 ein persönliches Gespräch. Sie erklärte, sie habe die jüngere Tochter im November 2011 einmal gemeinsam mit der Mutter gesehen. Die Kindesmutter habe ausführlich die problematische familiäre Situation geschildert. Die Kindesmutter sei dann am 13.04.2015 noch einmal gekommen. Die Therapeutin habe erklärt, dass sie mit einer Diagnostik und Therapie nur beginnen könne, wenn auch der Kindesvater dieser zustimme. Der Kindesvater habe im Mai 2015 eine stationäre Aufnahme Saras zur Diagnostik abgelehnt.

Nach Schilderung der aktuellen Situation empfahl sie, das jüngere Kind einer ambulanten Kollegin vorzustellen. Sie schlug eine Therapeutin vor, bei der das Kind bereits 2010 in Behandlung gewesen sei. Sie halte es für wichtig, dass sie in ihrer derzeitigen Situation an einen ambulanten Kollegen gut angebunden sei. Die Eltern müssten sich auf einen Therapeuten für sie einigen und ihr Struktur und Stabilität gewährleisten.

<u>Der Klassenlehrer:</u>

Mit dem Lehrer der jüngeren Tochter führte ich am 31.08.2015 ein ausführliches Telefonat. Er erklärte, er habe sie unmittelbar vor den Ferien nicht erlebt, da sie zu dieser Zeit schon probeweise in der höheren Klasse gewesen sei. Sein Kollege habe berichtet, sie habe den Wechsel in die neue Klasse ganz toll aufgenommen. Dies weise aus seiner Sicht auf eine gute Unterstützung durch die Eltern hin.

Sie habe in der Vergangenheit unter dem offenen Streit der Eltern sehr gelitten, sie sei immer mittendrin gewesen. Für sie sei es wichtig, Ruhe zu haben und aus dem Konflikt der Eltern herausgenommen zu werden.

Das Verhältnis der Geschwister zueinander habe er als sehr schwierig erlebt. Die jüngere Tochter fordere sehr viel Aufmerksamkeit durch ihr auffälliges Verhalten und ihre Sprachlosigkeit. Darunter habe die ältere Tochter oftmals gelitten.

Stellungnahme:

Die Kindeseltern kommunizieren nicht miteinander. Die Kindesmutter lässt den Verdacht, dass der Kindesvater die jüngere Tochter missbraucht haben könnte, nicht endgültig fallen.

Beide Kinder haben die Auseinandersetzung der Eltern im Jahr 2010 miterlebt und erleben auch heute noch, dass die Eltern sich nicht einigen können.

Die ältere Tochter hat für sich den Weg gewählt, sich zu verselbständigen. Sie betrachtet die Auseinandersetzungen zwar als lästig, lässt sich davon jedoch nicht vereinnahmen. Sie kann mit einem gewissen Humor darüber sprechen und derzeit noch mit beiden Elternteilen einen guten Weg des Umgangs finden.

Sie empfindet das Zusammenleben mit der jüngeren Schwester als Belastung. Immer wieder erlebt sie diese als sehr auffällig. Diese steht im Vordergrund, der Alltag ist nach ihrem Verhalten und ihren Bedürfnissen zu gestalten.

Sie ist durch ihre kleine Schwester häufig genervt und gestört. Bei unseren Gesprächen musste sie sie häufig ermahnen. Z.B. sollte sie den Rollladen nicht ständig hoch- und runterziehen, sie sollte anständig essen und trinken ...

Sowohl der Klassenlehrer, wie auch der Psychotherapeut und der Sprachtherapeut schilderten, dass insbesondere die jüngere Tochter unter dem Streit der Eltern sehr leidet. Die Kinder lösen diesen Konflikt mit jeweils anderen Mitteln. Die große Tochter zeigt sich erwachsen und spricht die Probleme scheinbar offen an. Sie befreit sich durch schnelle Selbständigkeit aus diesem Konflikt der Eltern. Die jüngere Tochter reagiert durch auffälliges Verhalten und fordert so Aufmerksamkeit und Zuwendung.

Von keiner Seite wurden Bedenken gegen Umgangskontakte des Vaters mit den Kindern geäußert – gerade für die jüngere Tochter wurden solche Kontakte für sehr sinnvoll gehalten. Sie selbst wünscht, wie auch die ältere Tochter, Umgang mit dem Vater zu haben.

Wichtig ist, dass diese Umgangskontakte klar geregelt sind und von den Kindeseltern nicht immer wieder neu verhandelt werden müssen. Die Kinder brauchen die Sicherheit, dass die Kontakte stattfinden. Die ältere Tochter darf nicht in der Situation sein, keine Gewissheit zu haben und ihren Kontakt zum Vater mit der Mutter verhandeln zu müssen.

Beiden Kindern täte es gut, wenn sie auch alleine Zeit mit dem Vater verbringen könnten. Für die große Tochter wäre das eine entspannte Zeit, in der sie Aktivitäten mit dem Vater unternehmen könnte, für die die kleinere Tochter noch zu jung ist. Sie könnte in dieser Zeit intensiveren Austausch mit dem Vater haben, als dies bei einem gemeinsamen Besuch mit der kleinen Schwester der Fall sein kann.

Auch für die jüngere Tochter wäre es gut, wenn sie Zeit alleine mit dem Vater verbringen könnte. In dieser Zeit stünde sie im Mittelpunkt. Der

Vater könnte ihr alleine seine Aufmerksamkeit schenken und sie wäre nicht gezwungen, sich diese durch auffälliges Verhalten zu fordern.

Ihr auffälliges Verhalten nach dem ersten Umgangswochenende, das sie alleine beim Vater verbrachte, sollte nicht dazu führen, ein solches nicht zu wiederholen. Diese neue Erfahrung musste sie erst verarbeiten. Wie die Kindesmutter darlegt, ging es ihr nach ausgiebigem Nachtschlaf am Folgetag wieder gut.

Die Sorge der Kindesmutter, der Vater habe die jüngere Tochter sexuell missbraucht, wurde vom Vater massiv bestritten. Es fand sich in ihrem Verhalten keine Hinweise auf Distanz zum Vater oder Angst vor dem Vater.

Es sind keine Gründe ersichtlich, die gegen einen Umgang der Kinder mit ihrem Vater sprechen würden.

Beide Kinder wünschen den Umgang.

<u>Empfehlung:</u>

Ich empfehle eine verbindliche Umgangsregelung zu protokollieren, in der die Kindeseltern vereinbaren, dass die Kinder alle 14 Tage Umgang mit dem Kindesvater haben. Derzeit sollte der Umgang – wie es auch praktiziert wird – in der Zeit von freitags 15 Uhr bis sonntags 17 Uhr stattfinden.

Es sollte einmal im Monat ein Umgangswochenende stattfinden, an dem im Wechsel die ältere Tochter allein und die jüngere Tochter alleine zum

Vater gehen. Dieses Wochenende sollte zusätzlich zu den ohnehin vereinbarten Wochenenden stattfinden.

Die Kindeseltern haben selbstverständlich auch weiterhin die Möglichkeit, die Umgangskontakte über die gerichtlich vereinbarten hinaus, einvernehmlich auszudehnen.

Rechtsanwältin als Verfahrensbeistand

13. Stellungnahme der Kindesmutter:[13]

Während unseres Ehelebens bestimmten Tobsuchtsanfälle und emotionale Ausbrüche meines damaligen Ehemannes unser familiäres Zusammenleben (vgl. die Äußerung der ältesten Tochter im Bericht des Verfahrensbeistands, Seite 3, Absatz 1, Zeilen 1f.). Er zerstörte Mobiliar und Haushaltsgegenstände, wirkte gewaltsam auf mich und die Kinder ein, drohte damit mich totzuschlagen. Unser Hund, den er ebenfalls regelmäßig schlug und totzuschlagen drohte, mussten wir zu seinem eigenen Schutz schließlich abschaffen.

Im August 2009 unternahm ich eine Studienreise. In diesem Zeitraum war der Kindesvater mit beiden Kindern allein zu Haus. Anfang des Jahres 2010 teilte die Gruppenleiterin des Kindergartens mir und dem Kindsvater mit, die jüngere Tochter würde sich seit Sommer 2009 „sprachlich zurückgezogen" haben und „in Tierlauten artikulieren". Die spontane Reaktion des Kindesvaters lautete: „da hab ich ihr wohl einen Klaps zu viel gegeben!".

Es tauchten Zeichnungen und Bilder der Kinder von ihrem Vater auf, welche deutlich auf eine Traumatisierung durch Gewalt und Sexualität hinweisen (vgl. Anlage 1: Gutachten der Spezialistin). Ich suchte Hilfe bei allen verfügbaren Kompetenzträgern (siehe Anlage 2: Auflistung therapeutischer Maßnahmen). Die dringend benötigten Therapien wurden wieder und wieder vom Kindesvater boykottiert (Anlage 3: Boykott). Insbesondere die Entwicklung der jüngeren Tochter ist

[13] 31.10.2015

aufgrund der Vorkommnisse gefährdet (siehe Anlage 4: die Schullaufbahn der jüngeren Tochter).

Am 23.01.2010 erfolgte ein gewaltsamer Übergriff meines damaligen Ehemannes auf meine Person in Gegenwart beider Kinder, was durch einen Strafbefehl (vgl. Strafakte, Az. / Az.) geahndet wurde. Nach Einhaltung des Trennungsjahres wurde die Ehe am 24.07.2012 geschieden. Der Kindesvater nutzte jede Gelegenheit, die Kinder psychisch und emotional, mich darüber hinaus auch juristisch und materiell zu bedrängen.

Auf Anraten der Psychologen habe ich trotz des am 02.01.2013 gerichtlich eingeschränkten Umgangsrechtes den erweiterten Umgang mit dem unbehandelt persönlichkeitsgestörten Kindesvater zugelassen, da Kinder ihren Vater brauchen. Erst als der Kindsvater die Kinder in den Osterferien 2015 entgegen meinem ausdrücklichen Willen getrennt zu unterschiedlichen Zielen verreisen lassen wollte, musste ich die Notbremse ziehen und mich auf das Gerichtsurteil vom 03.01.2012 beziehen. Diese Einschränkung des gewohnten Umgangsrechts ist Auslöser und Gegenstand des Verfahrens.

(Kindesmutter)

14. Schreiben Kanzlei „Schleiereule“:[14]

In Sachen

A. ./. G.

wg. Umgangsregelung

nehmen wir Bezug auf den Bericht des Verfahrensbeistands vom 13.10.2015 und nehmen dazu für die Antragsgegnerin wie folgt Stellung:

Der Verfahrensbeistand hat die aktuelle Situation sorgfältig recherchiert und analysiert. Die von ihr mit den diversen Therapeuten geführten Gespräche stimmen größtenteils mit dem Kenntnisstand der Antragsgegnerin überein.

Die Frage, ob in der Vergangenheit bei der jüngeren Tochter möglicherweise ein sexueller Missbrauch seitens des Antragstellers stattgefunden haben könnte, ist aus Sicht der Antragsgegnerin nach wie vor ungeklärt. Dieser ungewisse Zustand war und ist bei der Antragsgegnerin, die sich nachvollziehbarerweise gerade diesbezüglich für das Wohl der jüngeren Tochter verantwortlich zeichnet, der Grund dafür, dass sie einer Ausdehnung des bisherigen Umfangs des Umgangsrechts sehr skeptisch gegenüber steht. Die Antragsgegnerin hat daher eine zusammenfassende Sachverhaltsschilderung aus ihrer Sicht gefertigt, die wir als **Anlage** beifügen und die verdeutlicht, wie schwierig sich in der Vergangenheit das Umgangsrecht gestaltet hat.

[14] 02.11.2015

Gleichwohl ist die Antragsgegnerin daran interessiert, dass zukünftig ein regelmäßiges und kindgerechtes Umgangsrecht zum Wohle beider Töchter stattfindet. Dieses sollte jedoch so ausgestaltet sein, dass die Anzahl der Wochenenden, an denen die Kinder beim Antragsteller sind, bzw. eventuell auch nur ein Kind bei ihm ist, die Hälfte der monatlichen bzw. jährlichen Wochenenden keinesfalls überschreiten.

Rechtsanwältin

15. Schreiben des Amtsgerichts:[15]

In Sachen

A. ./. G.

wg. Umgangsregelung

Sehr geehrte Frau G.,

im oben bezeichneten Verfahren wurde der Termin zur Anhörung bestimmt auf:

Wochentag und Datum: **Donnerstag, 17.12.2015**
Uhrzeit: **14:00 Uhr**

Zu diesem Termin werden Sie hiermit geladen.

Ihr persönliches Erscheinen zum Termin ist angeordnet.

Mit freundlichen Grüßen
Auf Anordnung

Justizbeschäftigte
Dieses Schreiben wurde elektronisch erstellt und ist ohne Unterschrift gültig.

[15] 09.11.2015

16. Schreiben Kanzlei „ehr&wehr“:[16]

In der Familiensache

A. ./. G.

ist zu den Ausführungen im Schriftsatz der Antragsgegnerin vom 02.11.2015 in der gebotenen Kürze folgendes anzumerken:

1.
Die Antragsgegnerin wird ausdrücklich darauf hingewiesen, dass sie sich mit der Unterstellung sexuellen Missbrauchs – und nichts anderes stellt ihr Vorgang dar: „... ist aus Sicht der Antragsgegnerin nach wie vor ungeklärt“ – in strafrechtlich relevanten Bereichen befindet.

Der Antragsteller wird bei Wiederholung solcher Bemerkungen nicht zögern, Strafantrag zu stellen.

Die Antragsgegnerin wird hiermit darauf nachdrücklich hingewiesen und aufgefordert, endlich diese völlig grundlose Verdächtigung des Antragstellers zurückzunehmen und zu unterlassen.

Das ganze Verhalten der Antragsgegnerin belegt, dass es ihr nicht im geringsten um das Wohl der Kinder geht, sondern darum, den Antragsteller „fertig zu machen“ – warum auch immer.

[16] 10.10.2015

Das als „Gutachten“ bezeichnete Elaborat ist nun wirklich nicht geeignet, derlei Verdächtigungen des Antragstellers sachlich zu begründen.

Dem Antragsteller wurden seinerzeit die Kinder für sieben Wochen vorenthalten, ohne dass ihm ein plausibler Grund dafür genannt wurde. Die Antragsgegnerin wollte ihm die Kinder nur noch im begleiteten Umgang überlassen, was der Antragsteller seinerzeit ablehnte und sich dann mit dem sehr eingeschränkten Umfang abfand. Er war froh, die Kinder wenigstens für diese Zeit im gewohnten Umfeld sehen zu können.

Vor dieser völlig grundlosen Umgangsverweigerung von sieben Wochen sprach die jüngste Tochter völlig normal mit dem Antragsteller. Danach redete sie während 2 ½ Jahren nicht mehr mit Worten mit dem Antragsteller. Kommunikation fand allerdings auch ohne Worte statt. Für dieses Verhalten ist ausschließlich die Antragsgegnerin verantwortlich. Sie hat dem Kindeswohl der jüngeren Tochter geschadet und den Antragsteller als Vater in eine leidvolle Situation gebracht. Es entzieht sich natürlich der Kenntnis des Antragstellers, wie die Antragsgegnerin in diesen vielen Wochen das Kind gegen den Antragsteller bearbeitet hat. Die Folgen konnte man anschließend leidvoll sehen.

Erst im Laufe der Therapie begann die jüngere Tochter im Sommer 2014 wieder mit dem Antragsteller zu sprechen – und hat seitdem damit nicht mehr damit aufgehört. Im weiteren erfolgreichen Verlauf der Therapie redete sie mit immer mehr Menschen.

Eine Situation zu beurteilen, deren angeblich Beteiligte man persönlich überhaupt nicht kennt und dies nur anhand von angeblich von den Kindern gemalter Bilder, ist wissenschaftlich völlig wert- und grunlos und spricht allenfalls für mangelnde wissenschaftliche Qualifikation dessen, der solch ein „Gutachten“ verfasst.

Unabhängig davon ist das Festhalten der Antragsgegnerin an ihrem angeblichen Verdacht mit ihrer zwischenzeitlichen Handlungen nicht in Übereinstimmung zu bringen. Immerhin hat sie die Kinder an jedem zweiten Wochenende zum Antragsteller gelassen, während der Hälfte der Ferien, ein Wochenende mit der jüngeren Tochter alleine, vier Wochen durchgehend Kinderbetreuung aufgrund der Schwangerschaft der Antragsgegnerin.

2.
Zur „Stellungnahme“ der Kindesmutter folgendes:

Zu den Ausführungen in Absatz 1.: Diese Behauptungen sind allesamt falsch. Das familiäre Leben wurde keineswegs von den erwähnten Vorfällen bestimmt. Der Antragsteller hatte nie „Tobsuchtsanfälle“. Niemals hat der Antragsteller jemandem mit dem Tode gedroht, „gewaltsame Einwirkung“ auf die Kinder waren ein paar erzieherische Leichtklapse, welche auch die Antragsgegnerin seinerzeit gelegentlich nutzte.

Die „gewaltsame Einwirkung“ auf die Antragsgegnerin war aus Sicht des Antragstellers seinerzeit wohl eine Notwehrmaßnahme, weil die Antragsgegnerin sich auf ihn stürzte, ihn mit Wasser übergoss etc..

Der Antragsteller hat diesen Vorfall sehr bedauert, da er an sich den Anspruch stellt, auf Gewalt der Antragsgegnerin nicht mit Gewalt zu reagieren, und hat seinerzeit den Strafbefehl angenommen.

Zu Absatz 2:

Auch die hierin enthaltenen Ausführungen sind nicht zutreffend.

Zu Abs. 3:

Falsch ist die Behauptung, der Antragsteller habe „dringend benötigte Therapien – wieder und wieder – boykottiert“. Nichts davon ist richtig.

Der Antragsteller verlangte lediglich genaue Unterrichtung darüber, zu welchen Therapiemaßnahmen und auf der Grundlage welcher Diagnosen seine Zustimmung gegeben werden sollte. Er erwartete, dass mit ihm über bisweilen ungewöhnliche Maßnahmen gesprochen wurde und er entsprechend informiert wurde, was leider nicht häufig erfolgte.

Zu Absatz 4:

Die Behauptung, der Antragsteller habe jede Gelegenheit genutzt, die Kinder psychisch und emotional unter Druck zu setzen und die Antragsgegnerin darüber hinaus juristisch und materiell zu bedrängen, ist schlechterdings falsch.

Seit dem der Antragsteller die Ehewohnung verlassen musste, hatte er sich sehr bemüht, den Kontakt zu den Kindern positiv zu gestalten, was ja auch gelungen war.

Gerade in der Anfangszeit dieser für die Kinder und ihn selbst neuen und ungewohnten Situation haben ihm die Gespräche im Rahmen der noch andauernden SPFH sehr geholfen, angemessen mit der Situation umzugehen. Die Antragsgegnerin hat dann aber alsbald die SPFH beendet, so dass diese Gespräche zwischen dem Antragsteller und der Familienhelferin nicht fortgesetzt werden konnten, was er sehr bedauerte und bedauert.

Die Kinder waren gerne beim Antragsteller. Heute ist eine tragfähige und gute Beziehung zwischen den Kindern und dem Antragsteller entstanden. Zu keinem Zeitpunkt wurden die Kinder durch den Antragsteller „psychisch und emotional bedrängt".

Wenn die Antragsgegnerin durch die von ihr selbst eingeleiteten gerichtlichen Verfahren emotional und psychisch überfordert war und ist, so trägt der Antragsteller hierfür nicht die Verantwortung. Sie hat den Antrag gestellt, den Antragsteller der Ehewohnung zu verweisen. Sie hat den Antrag auf Scheidung der Ehe gestellt. Sie verweigerte dem Antragsteller den normalen Umgang mit den Kindern, so dass diesbezüglich das Gericht tätig werden musste.

Der vom Antragsteller gestellte Antrag auf „normalen" Umgang wurde nach dem Gespräch im Sommer 2013 zwischen Antragsteller und Antragsgegnerin zurückgezogen, da eine Einigung zwischen ihr und dem Antragsteller in Bezug auf den normalen Umgang getroffen wurde. An diese Einigung hielt sich dann die Antragsgegnerin plötzlich nicht mehr, so dass der Antragsteller durch das Verhalten der Antragsgegnerin gezwungen wurde, das vorliegende Verfahren einzuleiten, um nicht hinsichtlich des Umgangs mit seinen Kindern auf Gedeih und Verderb den Launen der Antragsgegnerin ausgesetzt zu sein, wobei diese Launen sich ja eklatant gegen das Wohl der Kinder richteten.

Der Antragsteller legt größten Wert auf eine Einigung über den Umgang mit den Kindern. Er betrachtet den Einigungsvorschlag der Anwältin der Kinder als im Interesse der Kinder sachgerecht – aber auch als Minimum dessen, mit dem sich der Antragsteller derzeit einverstanden erklären kann.

Rechtsanwalt

17. <u>Schreiben der Kindesmutter an die Rechtsanwältin:</u>[17]

Sehr geehrte Frau Rechtsanwältin,

ich möchte Sie bitten, das Gericht darauf hinzuweisen, dass aktuell, wie auch durch den Verfahrensbeistand berichtet, der Umgang des Kindesvaters mit seinen Töchtern in dem Rahmen stattfindet, wie er ihn mit seinem Antrag einfordert. So wie der Antragsteller es jetzt einfordert, wird es bereits seit Anfang 2014 praktiziert!

Ostern 2015 plante der Kindesvater, die minderjährige Tochter allein auf eine Reise in ein Dorf an die Landesgrenze zu schicken. Ich bat ihn mehrfach, die zu benutzende Zugverbindung zu dokumentieren, und forderte seine Zusicherung, dass die Tochter zum Ende des Umganges pünktlich zu Hause ist.

Nachdem der Kindesvater bis zum Abend vor der geplanten Reise diese Zusicherung verweigerte, und auch die geplante Reiseroute nicht dokumentierte, untersagte ich meiner Tochter die Reise und setzte den Kindesvater davon in Kenntnis.

Er wollte diese Reise trotzdem wie geplant stattfinden lassen und steht am nächsten Morgen vor dem Haus, um die Kinder abzuholen.

Dass ihm die Kinder gegen seinen Willen nicht übergeben wurden, kränkte seine Eitelkeit derart, dass er die Polizei, seinen Anwalt, das Jugendamt und schließlich das Gericht bemüht, die empfundene Niederlage auszumerzen, um „sein Recht auf Umgang“ durchzusetzen.

---

[17] 14.12.2015

Gleichzeitig findet der Umgang seitdem so statt, wie er ihn gerichtlich erstreiten will. Dies ist grotesk.

Es geht also eigentlich nicht um ein Umgangsrecht, bestenfalls um ein Aufenthaltsbestmmungsrecht.

Für seine gekränkte Eitelkeit lässt er folgende Personen auf seiner „Bühne“ auftreten:

1) Die jüngere Tochter;
2) Die ältere Tochter;
3) Die Begleitperson für die Kinder;
4) Die Kindesmutter;
5) Ihre Anwältin;
6) Seinen Anwalt;
7) Die Jugendamtsdame;
8) Den Verfahrensbeistand;
9) Die Richterin.

Es wäre wünschenswert, alle Beteiligten darauf hinzuweisen, zu welchem Zweck in welchem Theaterstück hier aufgetreten wird.

Am Ende wird der Antragsteller geplant befriedigt sein Recht (welches seit Jahren so praktiziert wird) öffentlich zugesprochen bekommen.

Mit freundlichen Grüßen

(die Kindesmutter)

18. Schreiben Kanzlei „Schleiereule“:[18]

Eilt!

Bitte sofort vorlegen – Gerichtstermin am 17.12.2015!

In Sachen

A. ./. G.

wg. Umgangsregelung

nehmen wir Bezug auf den Schriftsatz des Antragstellers vom 10.12.2015 und überreichen dazu anbei die Stellungnahme der Antragsgegnerin vom heutigen Tage nebst Anlagen.

Die Prozessbevollmächtigten des Antragstellers erhalten dieses Schreiben mit allen Anlagen ebenfalls unmittelbar per Telefax.

Rechtsanwältin

[18] 15.12.2015

19. Schreiben der Kindesmutter an das Amtsgericht:[19]

A. ./. G.

Sehr geehrte Damen und Herren,

kurz möchte ich die Gelegenheit ergreifen, zum Schreiben des Antragstellers vom 10.12.2015 Stellung zu nehmen:

In der Tat ist es so, dass sexueller Missbrauch sich im strafrechtlich relevanten Bereich befindet. Aber auch Missbrauch durch Gewalt an Kindern, sowie der Missbrauch in Form von psychischer Gewalt schädigt die Kinder mit Langzeitfolgen. Mittels der Androhung von strafrechtlicher Verfolgung wurde mir nun untersagt, diesen Verdacht zur Sprache zu bringen.

Vorausschicken möchte ich daher meine Sorge um meine beiden Töchter, welche durch Erlebnisse aus der Vergangenheit heute dringend psychotherapeutische Hilfe benötigen, insbesondere die jüngere Tochter (vgl. dazu Anhang 1):

- Fachärztliche Stellungnahme der Kinder- und Jugendpsychiaterin / Homöopathin Dr. med. vom 07.12.2015
- Stellungnahme der Kinder- und Jugendpsychiaterin / Fachärztin für Kinder- und Jugendmedizin / Chefärztin Dr. vom 08.05.2015
- Stellungnahme Diplom-Pädagogin / Kinder- und Jugendlichenpsychotherapeutin vom 11.12.2015

[19] 15.12.2015

- Fachärztliche Stellungnahme des Kinderarztes Dr. med. vom 11.12.2015
- Stellungnahme des Klassenlehrers vom 14.12.2015

Leider hat der Kindesvater bisher immer wieder seine Zustimmung zu den ärztlich indizierten Behandlungen verweigert (siehe dazu u.a. Anhang 1 – Schreiben Dr.)

Aus unerfindlichen Gründen möchte der Antragsteller eine Hinterfragung der psychisch bedingten Besonderheiten seiner Kinder verhindern. Es wäre wünschenswert, der Antragsteller würde seinen Kindern trotz vergangener Verfehlungen einen unbelasteten Start ins Leben ermöglichen.

Im Bericht des Verfahrensbeistandes vom 13.10.2015 behauptet die älteste Tochter, „vor seinem Schlaganfall sei der Vater ein ziemliches Arschloch gewesen, er sei ohne Grund wütend geworden".

Ihr Bild (Anhang 2: „lila Beulen") beschrieb die älteste Tochter damals so: „die Beulen bedeuten, wir wurden beide geschlagen" [sie selbst und die Kindesmutter], die älteste Tochter „habe aufgemuckt, sei frech gewesen", „dafür wurden wir beide geschlagen", die Beulen wären „richtige Beulen, weil er uns geschlagen habe".

Wenn sich der Antragsteller bei einem seiner Tobsuchtsanfälle, bei denen wiederholt Personen schikaniert und bedroht, Haushaltsgegenstände zerbrochen, Mobiliar zerstört und Türen eingeschlagen wurden, einen Bruch zuzog, zeugt das nur von der Heftigkeit seines Berserkertums.

Nach Rückkehr von einer Studienreise, während derer die Kinder zu Hause in der Obhut des Kindesvaters waren, berichtete die älteste Tochter: „Mama, es war schrecklich! Wir hatten kein Frühstück, er ist nicht mal morgens aufgestanden, wir mussten in seinem Zimmer übernachten ...".

Wenn der Antragsteller auch durch seinen Schlaganfall geläutert scheint, müssen die Kinder noch heute das damalige Geschehen verarbeiten und benötigen therapeutische Unterstützung.

Weiterhin steht zu befürchten, dass die unbehandelt manifeste Persönlichkeitsstörung des Antragstellers erneut aufbricht, während ihm die Kinder ausgeliefert sind.

Somit bitte ich das Gericht dahingehend auf den Kindesvater einzuwirken, dass er der notwendigen psychotherapeutischen Behandlung beider Kinder schriftlich zustimmen möge (sieh Anhang 3: Einverständniserklärung Psychotherapie).

Mit freundlichen Grüßen

(Kindesmutter)

20. Schreiben des Amtsgerichts:[20]

Vermerk

Aufgenommen in der nichtöffentlichen Sitzung des Amtsgerichts – Familiengericht – am Donnerstag, 17.12.2015

Gegenwärtig:

Richterin am Amtsgericht

Von der Zuziehung eines Protokollführers wurde gemäß § 28 Abs. 4 Satz 1 FamFG abgesehen.

In der Familiensache

A.

- Antragsteller –

gegen

G.

- Antragsgegnerin –

[20] 18.12.2015

Weitere Beteiligte:

die Kinder

Verfahrensbeistand

Jugendamt der Kreisverwaltung

wegen Regelung des Umgangs

erscheinen bei Aufruf der Sache:

- Der Antragsteller persönlich und Rechtsanwalt
- Die Antragsgegnerin und Frau Rechtsanwältin
- Der Verfahrensbeistand
- Die Sachbearbeiterin des Jugendamtes

Die Sachlage wird ausführlich erörtert.

Es werden ausführliche Gespräche geführt.

Jede Partei erhält Gelegenheit, zu den einzelnen Vorwürfen Stellung zu nehmen.

Die Parteien stellen klar, dass es schon seit einiger Zeit wieder 14-tägige Umgangskontake jeweils freitags von 15 bis sonntags 17 Uhr gibt.

Es wird nochmal ausführlich erörtert, wie der Vorschlag der Verfahrenspflegerin umzusetzen sein könnte bezüglich der einzelnen Umgangskontakte der Mädchen mit dem Vater.

Die Parteien schlagen insoweit vor, dass einzelne Wochenenden geregelt werden sollten, in dem jeweils nur eine der Mädchen zum Vater geht.

Sodann schließen die Parteien **folgende Vereinbarung**:

1. Der Kindesvater hat in Abänderung der Vereinbarung vom 2.1.2012 ein Umgangsrecht mit den Kindern wie folgt:

   14-tägig in der Zeit von freitags 15 Uhr bis sonntags 17 Uhr, beginnend erstmalig mit dem Wochenende 15.1.2016.

2. Desweiteren steht dem Kindesvater ein Recht zum Umgang mit den beiden Kindern jeweils in der hälftigen Ferienzeit und zwar im Jahre 2015/2016 wie folgt:

   In der Zeit vom 26.12.2015, 10 Uhr bis 3.1.2016, 17 Uhr,
   vom 21.3.2016, 10 Uhr bis 27.3.2016, 17 Uhr,
   vom 25.7.2016, 10 Uhr bis 14.08.2016, 17 Uhr,
   vom 17.10.2016, 10 Uhr bis 23.10.2016, 17 Uhr.

3. Desweiteren bestehen folgende Zusatzwochenenden:
   Vom 22.1.2016, 15 Uhr bis 24.1.2016, 17 Uhr mit dem älteren Kind,

vom 15.4.2016, 15 Uhr bis 17.4.2016, 17 Uhr mit dem jüngeren Kind,
vom 8.7.2016, 15 Uhr bis 10.7.2016, 17 Uhr mit dem älteren Kind,
und 28.10.2016, 15 Uhr bis 30.10.2016, 17 Uhr mit dem jüngeren Kind.

4. Der Umgangsberechtigte holt die Kinder zum Umgang ab und bringt sie wieder in den Haushalt der Kindesmutter zurück.

5. Die Kosten des Vergleichs werden gegeneinander aufgehoben.

Vorgespielt und genehmigt.

Desweiteren erklärt der Kindesvater, dass er im Hinblick auf eine geplante psychotherapeutische Behandlung von der jüngeren Tochter mit der zur Zeit involvierten Psychotherapeutin Kontakt aufnehmen werde. Er werde mit ihr ein Gespräch führen, inwieweit eine psychotherapeutische Behandlung angezeigt ist.

b.u.v.:

Die Kinder sollen in Abwesenheit der Parteien persönlich angehört werden.

Die Anhörung wird zusammen mit dem Verfahrensbeistand durchgeführt.

Zunächst wird mit der älteren Tochter ein ausführliches Gespräch geführt, dann kam die ältere Tochter mit der jüngeren Tochter noch

einmal zu einem Gespräch. Beiden Kindern wurde die getroffene Umgangsregelung erläutert.
Beide Kinder waren angetan von der Umgangsregelung, insbesondere zu der Vereinbarung zu den Wochenenden, in denen sie jeweils den Vater alleine besuchen.

b.u.v.:

Die getroffene Vereinbarung wird familiengerichtlich genehmigt.

Vermerk wurde fertiggestellt am: 18.12.2015

Richterin am Amtsgericht

Justizbeschäftigte
als Urkundsbeamtin der Geschäftsstelle
zugleich für die Richtigkeit und Vollständigkeit
der Übertragung vom Tonträger

Beglaubigt:

Justizbeschäftigte
als Urkundsbeamtin der Geschäftsstelle

21. Schreiben des Amtsgerichts:[21]

Beschluss

In der Familiensache

A.

- Antragsteller –

gegen

G.

- Antragsgegnerin –

Weitere Beteiligte:

die Kinder

Verfahrensbeistand

Jugendamt der Kreisverwaltung

wegen Regelung des Umgangs

[21] 18.12.2015

hat das Amtsgericht – Familiengericht – durch die Richterin am Amtsgericht am 18.12.2015 beschlossen:

Die Gerichtskosten des Verfahrens haben der Antragsteller und die Antragsgegnerin je zur Hälfte zu tragen. Die außergerichtlichen Kosten des Verfahrens werden nicht erstattet.

Richterin am Amtsgericht

22. Schreiben Kanzlei „Schleiereule“:[22]

In Sachen

A. ./ G.

wg. Unterhalt Kind und Umgangsrecht

wird zur Kenntnisnahme des Gerichts noch folgendes mitgeteilt:

Wie sich das Gericht vielleicht erinnern kann, hat die Antragsgegnerin im Verhandlungstermin am 17.12.2015 dem Antragsteller die Hand zur Versöhnung gereicht.

In der Pause, als die Anhörung der beiden Kinder erfolgte, hat der Antragsteller im Gerichtssaal mit der Antragsgegnerin über diese Versöhnungsgeste gesprochen.

Leider hatte das Gespräch nicht den Inhalt, der zu einem zukünftigen friedlichen Miteinander führen könnte.

Stattdessen hat der Antragsteller der Antragsgegnerin unter anderem folgendes erklärt – und zwar in einer Art und Weise, die der Antragsgegnerin Angst einjagt und überhaupt nicht dazu geeignet ist, zum Wohle der Kinder die persönlichen Differenzen zurückzustellen:

[22] 08.01.2016

- „nochmal so´ne Situation, dann krieg´ ich die Kinder!“ [gemeint: wie die vom 28.03.2015]
- „langfristig wird die kleine Tochter sowieso bei mir wohnen, dann zahlst Du Unterhalt!“
- „die ältere Tochter will `springen´: eine Woche hier, eine Woche dort, da zahl´ ich keinen Unterhalt!“
- „die ältere Tochter will jetzt 4 Wochen `auf Probe´ bei mir wohnen, dann kannst Du auch Unterhalt zahlen!“
- „Mit Dir will ja keiner mehr etwas zu tun haben!“ [auf Nachfrage antwortet er, gemeint seinen „Onkel“ und „Tante“]
- „ich werde regelmäßig bei Dir klingeln, um mit Dir zu reden!“

Schließlich teilen wir mit, dass der Antragsteller bis heute keinen Kinderunterhalt für den laufenden Monat Januar gezahlt hat, was leider auch wieder zeigt, dass mehr als Lippenbekenntnisse von ihm nicht zu erwarten sind.

Das Jugendamt erhält unmittelbar eine Kopie dieses Schriftsatzes zur Kenntnisnahme.“

Rechtsanwältin

23. Schreiben Kanzlei „ehr&wehr“:[23]

In der Familiensache

A. ./. G.

bedarf der Schriftsatz der Antragsgegnerin vom 08.01.2016, hier am 18.01.2016 eingegangen, der Korrektur.

Bei der Geste der Antragsgegnerin während des Termins am 17.12.2015 handelte es sich um die Geste der Entschuldigung der Antragsgegnerin hinsichtlich ihrer zuvor und seit geraumer Zeit vorher geäußerten Vorwürfe gegenüber dem Antragsteller auf die an dieser Stelle nicht wieder eingegangen werden soll. Die Entschuldigung hat der Antragsteller angenommen..

Richtig ist, dass ein kurzes Gespräch zwischen dem Antragsteller und der Antragsgegnerin im Anschluss daran stattgefunden hat.

Wie angeblich der Eindruck entstehen konnte, der Antragsteller habe das Gespräch „in einer Art und Weise (geführt), die der Antragsgegnerin Angst einjagt und überhaupt nicht dazu geeignet ist, zum Wohle der Kinder die persönlichen Differenzen zurückzustellen“, ist völlig unverständlich.

Der Antragsteller hat sich völlig korrekt verhalten.

[23] 28.01.2016

Richtig ist, dass der Antragsteller der Antragsgegnerin erklärt hat, mit ihr wolle „keiner mehr etwas zu tun haben“ und erklärte, damit seien sein Bruder und seine Tante („Onkel“ und „Tante“) gemeint.

Was die Antragsgegnerin dagegen einzuwenden hat, wenn der Antragsteller den Wunsch äußert, mit der Antragsgegnerin regelmäßig wegen der Kinder Gespräche zu führen, ist nicht nachzuvollziehen.

Im übrigen sind die Behauptungen der Antragsgegnerin über die angeblichen Äußerungen des Antragstellers nicht korrekt wiedergegeben, dass der Antragsteller der Antragsgegnerin mitgeteilt hat, dass die ältere Tochter beabsichtige, mal vier Wochen am Stück bei ihm zu wohnen. Dies ist wohl kaum „angsteinflößen“, es sei denn, die Psyche der Antragsgegnerin lässt ein sachliches Gespräch nicht mehr zu.

Rechtsanwalt

II. Akteneinsicht (2015):

1. Schreiben Kanzlei „Schleiereule“ an das Amtsgericht:[24]

In Sachen

A. ./. G.

wg. Umgangsrecht

wird beantragt, der Antragsgegnerin

Akteneinsicht in die VKH-Akte des Antragstellers

zu gewähren.

Der Antrag auf Akteneinsicht in die Verfahrenskostenhilfeakte des Antragstellers wird auf § 76 FamFG i.V.m. § 117 Abs. 2 Satz 2 ZPO gestützt. Die Antragsgegnerin hat einen Auskunftsanspruch gegenüber dem Antragsteller nach den §§ 1580, 1605 BGB, auch bezüglich des Kindesunterhalts. Insofern besteht ein berechtigtes Interesse an der Einsichtnahme (vgl. Beschluss des OLG vom 04.11.2010, Az.: 7 WF 872/10). Es wird um Übersendung der Akte in unsere Kanzlei gebeten. Unverzügliche Rückgabe wird zugesichert.

Rechtsanwältin

[24] 19.11.2015

2. Schreiben Kanzlei „ehr&wehr" an das Amtsgericht:[25]

In Sachen

A. ./. G.

Begehrt die Antragsgegnerin Einsicht in die VKH-Akte eines seit zwei Jahren abgeschlossenen Verfahrens. In diesem Verfahren ging es um den Umgang des Antragstellers mit seinen beiden Kindern.

Die Antragsgegnerin hat kein rechtliche Interesse an Einsicht in die VKH-Akte des seit zwei Jahren abgeschlossenen Umgangsverfahrens.

Die Erklärung über die persönlichen und wirtschaftlichen Verhältnisse des Antragstellers im seinerzeitigen Verfahren datiert vom 12.02.2013. Das Verfahren wurde im November/Dezember 2013 abgeschlosssen.

Die von Antragsgegnerseite zitierte Entscheidung des OLG betrifft typischerweise genau den Fall, dass in einem anhängigen Verfahren eine Partei VKH beantragt und die andere, die Gegenparte, Einsicht in die VKH-Akte beantragt.

Einsicht in eine VKH-Akte eines bereits mehrere Jahre abgeschlossenen Verfahrens, in dem es auch nicht einmal um Unterhalt geht, ist damit nicht vom OLG akzeptiert. Die Regelung in § 117 ZPO ist insoweit eindeutig, dass nur in laufenden Verfahren dergleichen möglich ist, nicht in bereits seit Jahren abgeschlossenen Verfahren.

[25] 08.10.2015

Es wird deshalb einer Akteneinsicht der Antragsgegnerin in die VKH-Akte des Antragstellers widersprochen.

Wir weisen darauf hin, dass der Antragsteller im Verfahren 2015, in dem er Abänderung der Unterhaltstitel für die Zeit zwischen Mai 2014 und April 2015 beantragt, VKH nicht beantragt hat. Er hat seine Einkommensverhältnisse für den vorgenannten Zeitraum in Einzelnen dargelegt und durch Vorlage entsprechender Unterlagen belegt.

Des weiteren ist darauf hinzuweisen, dass der Antragsteller auch in dem weiteren Verfahren, das dem erkennenden Gericht 2015 anhängig ist, ebenfalls VKH nicht beantragt hat.

Wenn die Antragsgegnerin Auskunft über die Einkommensverhältnisse des Antragstellers haben will, mag sie eine entsprechende Auskunftsanforderung an den Antragsteller richten, was bisher nicht geschehen ist.

Zudem kann Einsicht in eine vor 2 ½ Jahren abgegebene Erklärung über die persönlichen und wirtschaftlichen Verhältnisse des Antragstellers nicht dazu dienen, bezüglich gegenwärtigen Unterhalts irgendetwas an rechtlicher und tatsächlicher Substanz zu bieten.

Rechtsanwalt

3. <u>Schreiben des Amtsgerichts:</u>[26]

In Sachen

A. ./. G.

wg. Umgangsregelung

Sehr geehrte Damen und Herren Rechtsanwälte,

anliegende Abschrift sende ich zur Kenntnis und nehme Bezug auf die Entscheidung des BGH vom 29.4.2015. Danach unterfällt das Einsichtsgesuch eines Verfahrensbeteiligten in ein bereits abgeschlossenes Verfahren der Regelung des § 299 II ZPO. Voraussetzung bleibt die Glaubhaftmachung eines rechtlichen Interesses an der Einsicht und die Erklärung des Ehemannes über seine persönlichen und wirtschaftlichen Verhältnisse zum jetzigen Zeitpunkt.
Allein die Berufung auf die Vorschrift des § 117 II ZPO ist nicht ausreichend, denn diese gewährt dem Gegner eines Antrags auf Verfahrenskostenhilfe kein subjektives Recht auf Akteneinsicht.
Frist zur Stellungnahme: 2 Wochen

Mit freundlichen Grüßen

Justizinspektorin
Urkundsbeamtin der Geschäftsstelle

---

[26] 19.10.2015

FSC
www.fsc.org
MIX
Papier | Fördert
gute Waldnutzung
FSC® C083411

Kolibri 360 GmbH
Ferdinand-Jühlke-Straße 7
99095 Erfurt, Deutschland
produktsicherheit@kolibri360.de

Druck:
CPI Druckdienstleistungen GmbH
im Auftrag der
Kolibri 360 GmbH
Ferdinand-Jühlke-Str. 7
99095 Erfurt